AF324474

ORDONNANCE

DU ROI,

Pour donner une nouvelle forme aux Régimens affectés au service des Colonies de l'Amérique.

Du 1.ᵉʳ Mai 1775.

DE PAR LE ROI.

S A MAJESTÉ s'étant fait rendre compte de la situation des Régimens affectés au service de ses Colonies de l'Amérique, créés par Ordonnance du 18 août 1772, Elle a jugé qu'il convenoit au bien de son service, de faire quelques changemens dans leur composition; en conséquence, Sa Majesté a ordonné & ordonne ce qui suit:

A

ARTICLE PREMIER.

Dénomination
des
Régimens.

LES quatre Régimens créés fur le pied de deux Bataillons chacun, par l'Ordonnance du 18 août 1772, fous la dénomination de Régimens *du Cap*, *du Port-au-Prince*, *de la Martinique* & *de la Guadeloupe*, continueront d'exifter fous ces mêmes dénominations.

2.

Compofition
des bataillons,
création d'un Chef
de bataillon,
création
de compagnies
de Chaffeurs.

CHAQUE Bataillon fera commandé par un Chef de Bataillon, & fera compofé de dix Compagnies, dont une de Grenadiers, une de Chaffeurs & huit de Fufiliers.

3.

Compofition
des compagnies
de Grenadiers
& Chaffeurs.

CHACUNE des compagnies de Grenadiers & Chaffeurs, foit en temps de paix, foit en temps de guerre, fera commandée par un Capitaine, un Lieutenant & un Sous-lieutenant; & compofée d'un Fourrier, deux Sergens, quatre Caporaux, quatre Appointés, quarante Grenadiers ou Chaffeurs, & d'un Tambour. Et pour former les compagnies de Chaffeurs, on fera choix dans toutes les compagnies de Fufiliers, des Soldats du meilleur exemple, de la meilleure réputation, les meilleurs Tireurs, les plus robuftes, & les plus en état de foutenir les marches & les fatigues de ce genre de fervice, mais fans égard à la taille; ce choix étant fait, on égalifera les compagnies de Fufiliers.

Divifion
defdite compagnies
de Grenadiers
& Chaffeurs,
par Efcouades.

Les quatre Caporaux, les quatre Appointés & les quarante Grenadiers ou Chaffeurs, feront diftribués en quatre Efcouades de douze hommes chacune; y compris un Caporal & un Appointé : la première & la troifième de ces Efcouades, formeront la première Divifion, à laquelle fera attaché le premier Sergent; la feconde & la quatrième Efcouade, formeront la feconde Divifion, à laquelle fera

3

attaché le second Sergent; la première Division sera subor-
·donnée au Lieutenant, & la seconde au Sous-lieutenant:
ces deux Officiers en rendront compte tous les jours au
Capitaine, qui en répondra au Chef de Bataillon, le Chef
de Bataillon au Major, & le Major au Colonel, ou en
son absence, au Lieutenant-colonel.

4.

L'INTENTION de Sa Majesté est que les Grenadiers
& Chasseurs qui viendront à manquer, soient remplacés
sur le champ par les Compagnies de Fusiliers indistinc-
tement, dans lesquelles on choisira toujours les plus beaux
hommes pour les Grenadiers; à l'égard des Chasseurs,
on se conformera exactement pour le choix, aux dispositions de l'article précédent.

Remplacement des Grenadiers & Chasseurs.

5.

LES Colonels, Lieutenans-colonels & Chefs de Bataillon,
n'auront pas de Compagnie.

6.

CHACUNE des Compagnies de Fusiliers, sera en tout
temps, commandée par un Capitaine, un Lieutenant, un
Sous-lieutenant; & sera composée, en temps de paix, d'un
Fourrier, quatre Sergens, huit Caporaux, huit Appointés,
cinquante-six Fusiliers, & de deux Tambours.

Composition des Compagnies de Fusiliers, en temps de paix.

Les huit Caporaux, les huit Appointés & les cinquante-six
Fusiliers, formeront huit Escouades de neuf hommes chacune, y compris un Caporal & un Appointé. La première
& la cinquième Escouade, formeront une première Subdivision, à laquelle sera attaché le second Sergent; la seconde
& la sixième Escouade, formeront la seconde Subdivision,
à laquelle sera attaché le second Sergent; la troisième &

Division desdites compagnies par Escouades.

A ij

la septième Escouade, formeront la troisième Subdivision, à laquelle sera attaché le troisième Sergent; la quatrième & la huitième Escouade, formeront la quatrième Subdivision, à laquelle sera attaché le quatrième Sergent.

Les première & troisième Subdivisions, formeront la première Division, qui sera subordonnée au Lieutenant; & les deuxième & quatrième Subdivisions, formeront la seconde Division que commandera le Sous-lieutenant : ces deux Officiers en rendront compte tous les jours, au Capitaine, qui en répondra au Chef de Bataillon, & le Chef de Bataillon au Major, & celui-ci au Colonel, ou en son absence, au Lieutenant-colonel.

7.

Deux pièces de canon à la Roftaing à chaque bataillon.

IL y aura à chaque Bataillon des Régimens, deux pièces de canon à la Roftaing, lesquelles seront servies par huit hommes, soit bas Officiers ou Soldats qui seront tirés des Compagnies de Fusiliers; & ils jouiront chacun d'un sou de haute-paye tant qu'ils seront attachés à ce service.

8.

Compofition des compagnies de Fusiliers, en temps de guerre.

L'INTENTION de Sa Majesté étant de ne plus augmenter à l'avenir le nombre des Troupes sédentaires dans ses Isles du Vent & sous le Vent de l'Amérique, par la création de nouveaux Régimens ou de nouvelles Compagnies, dont l'expérience a démontré le mauvais usage; & ayant résolu de ne faire ces augmentations que par un nombre d'hommes réglé dans chaque Escouade, sans augmentation d'Officiers & de bas Officiers, Elle veut & entend que les Compagnies de Fusiliers conservent dans tous les temps, le nombre d'Officiers & de b   Officiers fixé par l'article 6 de la présente Ordonna   , & Elle se réserve d'envoyer, lorsque les circonstances l'exigeront, le nombre d'hommes dont

5

Elle jugera à propos d'augmenter les Efcouades de chaque Compagnie.

9.

L'ÉTAT-MAJOR de chacun defdits Régimens, fera compofé d'un Colonel, d'un Lieutenant-colonel, d'un Major, qui continuera de commander en troifième le Régiment, d'un Chef de Bataillon par Bataillon, d'un Aide-major, d'un Sous-aide-major auffi par Bataillon, de deux Porte-drapeaux par Bataillon, & d'un Tambour-major.

Création des États-majors.

10.

SA MAJESTÉ confidérant que le bien de fon fervice exige que les charges de Lieutenans-colonels & Majors, foient remplies par les Officiers les plus diftingués, tant par leurs fervices que par leurs talens, Elle a réfolu de s'en réferver la nomination, & de choifir à l'avenir les fujets qui devront les remplacer, parmi les Chefs de Bataillon & Capitaines des Régimens de France & des Colonies indif-tinctement, qu'Elle jugera devoir mériter cet avancement.

Choix des Lieutenans-colonels & Majors.

11.

LES Chefs de Bataillon parviendront à ce grade par leur ancienneté de fervice; & ce fera à l'avenir le plus ancien Capitaine de Grenadiers du Régiment, qui fera pourvu de cet emploi quand il viendra à vaquer. Les Chefs de Bataillon auront rang de Major, commanderont & auront la police de leur Bataillon, mais feront toujours fubordonnés au Major du Régiment.

Chefs de bataillon parvenant à ce grade par ancienneté.

12.

LE plus ancien Capitaine de Fufiliers de chaque Régi-ment, montera à la Compagnie de Grenadiers, quand elle viendra à vaquer.

Capitaines de Grenadiers parvenans auxdites compagnies par ancienneté.

. 1 3.

LES Compagnies de Chasseurs feront données
Capitaines de Fusiliers, qui feront jugés par le Comm
dant général & par le Colonel, les plus capables de
bien commander, fans avoir égard à l'ancienneté.

1 4.

LES Compagnies de Fusiliers qui viendront à vaqu
feront données à l'avenir, alternativement, au pren
Lieutenant dans chaque Régiment, & à un Officier
des Troupes de France, dont Sa Majesté se réserve
nomination, & ainfi fucceffivement.

1 5.

LORSQU'IL vaquera une Aide-majorité, le Colo
propofera le fujet qu'il croira le plus capable de rem
cette place, & le choifira parmi les Capitaines, les So
aides-majors & les Lieutenans.

1 6.

LORSQU'IL vaquera une Sous-aide-majorité, le Colo
propofera également le fujet qu'il croira le plus capab
& choifira parmi les Lieutenans & Sous-lieutenans :
Sous-aide-major aura rang de Lieutenant du jour de
réception ou brevet; & en conféquence, il commander
tous les Sous-lieutenans & à tous les Lieutenans mo
anciens que lui.

1 7.

LES Porte-drapeaux feront à l'avenir tirés du cor
des Fourriers & Sergens, auront rang de derniers Sou
lieutenans, & feront tenus de porter les drapeaux à pie
dans tous les temps.

7

18.

L'INTENTION de Sa Majesté est qu'à l'avenir les Commandans généraux des Isles du Vent & sous le Vent, ou en leur absence, ceux qui les représenteront, inspectent les Régimens desdites Isles, d'après les instructions qui leur seront adressées pour en faire la revue.

19.

SA MAJESTÉ considérant l'éloignement des Isles du Vent & sous le Vent, autorise les Commandans généraux, ou en leur absence ceux qui les représenteront, à pourvoir provisoirement aux places de Chefs de Bataillon, Capitaines de Grenadiers, Capitaines de Chasseurs, Aides-majors, Sous aides-majors, Lieutenans & Porte-drapeaux, qui par la suite viendront à vaquer; ces places devant être remplies, ou par ordre d'ancienneté, ou conformément à la proposition du Colonel, ainsi qu'il est expliqué dans les articles 10, 11, 12, 13, 14, 15 & 16 de la présente Ordonnance. Les Commandans généraux donneront une Commission provisoire auxdits Officiers, en vertu de laquelle ils seront reçus dans leur nouveau grade; & ils en instruiront le Secrétaire d'État ayant le département de la Marine, pour leur faire expédier d'autres commissions de Sa Majesté.

Quant aux Compagnies de Fusiliers & Sous-lieutenances qui viendront à vaquer, Sa Majesté se réserve d'y pourvoir, sur l'avis qui en sera donné par les Commandans généraux & les Colonels des régimens au Secrétaire d'État ayant le département de la Marine. Les Commandans généraux & les Colonels désigneront les Lieutenans qui devront monter par leur ancienneté aux Compagnies, &

A iiij

joindront à leur avis une note de leurs talens, application
& conduite.

2O.

*Les Majors
des Régimens,
chargés supérieure-
ment des menues
réparations & de
l'administration
des finances.*

L E Major de chaque Régiment, fera feul chargé
d'ordonner fous l'autorité du Colonel & du Lieutenant-
colonel, les menues réparations, dont il confiera le foin,
dans chaque bataillon, aux Aides-majors & Sous-aides
majors, qui feront tenus de lui en rendre compte : il fera
chargé de plus de l'administration des deniers du Régiment
& pour n'être pas diftrait de fes fonctions, il pourra
choifir un Officier auquel il confiera l'administration de
la Caiffe & toute la régie du détail, fous fon autorité. Ce
Officier, dont le nom fera porté fur l'état de revue, comme
chargé du détail, recevra fix cents livres par an, en fu
des appointemens de fon grade ; & néanmoins le Major
répondra toujours de la Caiffe, & fera tenu de figner &
certifier tous les mouvemens du contrôle du Régiment
& de les envoyer au Secrétaire d'État ayant le département
de la Marine.

2 I.

*Établiffement
d'une Caiffe
à trois ferrures.*

T O U T l'argent de la folde ou de toute autre partie
qui appartiendra à chaque Régiment, fera remis tous les
mois au Major, pour être renfermé dans une caiffe
laquelle il y aura trois ferrures, dont le Colonel aura une
clef, le Major une autre, & l'Officier chargé du détail
la troifième. En l'abfence du Colonel, la clef dont il doit
être dépofitaire, demeurera entre les mains du Lieutenant
colonel, & en fon abfence, dans celles du Chef de bataillon
commandant le Régiment. En l'abfence du Major, fa clef

*Adminiftration
de la Caiffe.*

fera remife à un Aide-major, de manière que dans tous
les cas la caiffe ne puiffe s'ouvrir qu'en préfence de trois
perfonnes. Il y aura toujours dans la Caiffe un état de

9

onds qui y feront mis, & un état de ceux qui en feront
irés, avec les caufes de recettes & de dépenfes. Ces états
eront fignés par le Commandant du corps, par le Major
& l'Officier chargé de la Caiffe. Il en fera remis un tous
es mois au Commandant général & Intendant.

2 2.

CHAQUE Colonel nommera aux places de Fourrier &
le Sergent qui viendront à vaquer; il choifira les Fourriers
armi tous les Sergens du Régiment, & les Sergens parmi
ous les Caporaux. Les Capitaines des Grenadiers, Chaf-
eurs & Fufiliers propoferont au Colonel les Caporaux
u'ils choifiront parmi les Appointés & Soldats de leurs
Compagnies; quant aux places d'Appointés, elles feront
onnées à l'ancienneté.

*Choix des
bas Officiers.*

2 3.

LE terme des Engagemens fera fixé à huit ans, les
Soldats qui monteront aux hautes-payes, ne feront pas
enus de fervir trois ans au-delà du terme de leur enga-
ement, & le congé abfolu fera donné régulièrement
aux Soldats dont l'engagement fera expiré.

*Terme
des engagemens
fixé à huit ans.*

2 4.

TOUT bas Officier, Soldat ou Tambour qui voudra
enouveler un fecond engagement, recevra, à fon choix,
cent vingt livres comptant, ou un fou de haute-paye
par jour pendant les huit ans de fon fecond engagement.
Dans l'un & l'autre cas, il portera pour marque diftinc-
ive de fon fervice, fur le bras gauche, un chevron de
ruban de laine de la couleur du parement de l'habit
uniforme dont il fera partie, comme il eft établi dans
l'Infanterie françoife.

*Récompenfes
pour les Soldats
qui auront contracté
un fecond
engagement.*

A v

Les bas Officiers, Soldats ou Tambours qui auront renouvelé ce second engagement, & qui après avoir servi seize ans dans le Régiment où ils seront, ou ci-devant dans les Troupes des Isles du Vent ou sous le Vent, se trouveront absolument hors d'état, par des infirmités ou blessures, de continuer leurs services, ce qui sera constaté par le Commandant général lors de la revue d'inspection jouiront chez eux de la moitié de la solde du grade dans lequel ils auront servi huit ans.

25.

Récompense pour les Soldats qui auront contracté un troisième engagement.

TOUT bas Officier, Soldat ou Tambour qui renouvellera volontairement un troisième engagement, recevra à son choix, deux cents quarante livres comptant, ou deux sous de haute-paye par jour pendant la durée de son troisième engagement, & portera deux chevrons en laine, ainsi & de la manière qu'il est dit en l'article 24.

26.

Récompense pour les Soldats qui ont acquis la vétérance.

LES bas Officiers, Soldats ou Tambours qui ayant renouvelé un troisième engagement, auront servi vingt-quatre ans dans le Régiment, ou ci-devant dans les Troupes des Isles du Vent ou sous le Vent, pourront se retirer chez eux avec la solde entière de leur grade actuel pourvu qu'ils y aient servi huit ans, sans quoi ils ne jouiront que de la solde du grade qu'ils avoient auparavant.

Les bas Officiers, Soldats ou Tambours qui, après vingt-quatre ans de service, voudront le continuer dans le Régiment où ils seront, recevront une haute-paye de quatre sous par jour tant qu'ils resteront au Régiment & tous les ans à la revue d'inspection, ces Soldats vétérans seront les maîtres de se retirer chez eux avec leur solde entière, comme il est expliqué ci-dessus. Ces bas Officiers,

11

oldats ou **Tambours** ayant acquis la vétérance, en por-
ront la marque diftinctive comme les autres vétérans
e l'Infanterie françoife. Le Commandant général en
dreffera, après fa revue d'infpection, un état nominatif
u Secrétaire d'État ayant le département de la Marine,
fin qu'il adreffe au Régiment les brevets & plaques de
es vétérans.

27.

CHACUN des Commandans généraux des Ifles du
Vent & fous le Vent, adreffera tous les ans, après fa
evue d'infpection, au Secrétaire d'État ayant le dépar-
ement de la Marine, un état de demi-foldes & foldes
ntières qu'il aura été dans le cas d'accorder, avec une
ote des fervices des Soldats, de leur grade, de leurs
ifférens engagemens, de leurs noms & furnoms, & des
eux où ceux qui les auront obtenues fe retirent en
rance, afin qu'il foit pourvu au payement defdites demi-
ldes ou foldes entières. Ceux defdits Soldats qui refte-
ont dans les Ifles du Vent ou fous le Vent, feront
ayés par les ordres des Intendans départis auxdites Ifles.
es bas Officiers & Soldats à qui la folde ou demi-folde
ura été accordée, & qui fe retireront en France, fe
réfenteront en débarquant au Commiffaire de la Marine
e réfidence dans le port de leur débarquement, lui
réfenteront leurs cartouche & certificat de fervices, fur
efquels fera fait mention de la folde accordée.

Ledit Commiffaire mettra fon vu fur les cartouches,
es enregiftrera & donnera avis au Secrétaire d'État ayant
e département de la Marine, de l'arrivée defdits bas
Officiers & Soldats, & des lieux où ils fe retireront;
l leur fera payer, pour les mettre en état de fe rendre
en droiture dans les lieux où ils devront fe retirer pour

État des Soldes & Demi-foldes à adreffer par les Comman-dans généraux après leur revue d'infpection.

y jouir de la folde qui leur aura été accordée ; favoir, quatre fous par lieue à chacun des Fourriers, Sergens & Caporaux ; & trois fous auffi par lieue à chacun des Appointés & Soldats ; & en outre fix livres à chacun d'eux, fans diftinction de grade, pour leur tenir lieu de traverfée & leur donner les moyens de fe fournir les menues hardes dont ils pourront avoir befoin à leur débarquement.

28.

Avances faites par la caiffe du régiment pour le payement des hautes-payes & des rengagemens ; comment rembourfées.

LES Commandans généraux conftateront chaque année à leur revue d'infpection, le nombre des bas Officiers & Soldats qui doivent jouir des hautes-payes accordées par les articles 24, 25 & 26 de la préfente Ordonnance & ce qui aura été débourfé par chaque Régiment pour les rengagemens. Ils arrêteront le montant de ces deux objets, & en donneront main-levée aux Majors de Régimens au bas de l'état nominatif defdits bas Officiers & Soldats, & chaque Major fera rembourfé par le Tréforier de la Colonie, des avances que la Caiffe du Régiment aura pu faire à ce fujet. Les Commandans généraux remettront, après leurs revues d'infpection, l'état nominatif de ces hautes-payes, figné d'eux & des Commandans & Majors de chaque Régiment, au Commiffaire de la Marine chargé de la police du Régiment, pour en fuivre les mouvemens dans fes Revues.

29.

Appointemens & Solde.

LES Appointemens des Officiers & la Solde des Soldats de chaque Régiment, feront payés fur le pied qui fuit, à compter du jour de l'enregiftrement de la préfente Ordonnance, au contrôle de la Marine de chaque Colonie ; le tout fans aucune augmentation pour raifon de fupplément d'appointemens pour tenir lieu de rations.

13

SAVOIR:

ÉTAT-MAJOR.	APPOINTEMENS ET SOLDE.							
	Par jour.			Par mois.			Par an.
Au Colonel, trente-trois livres six fous huit deniers, ci.......	33^l	6^f	8^d	1000^l	$\prime\prime^f$	$\prime\prime^d$	12000^l
Au Lieutenant-colonel, vingt-deux livres quatre fous cinq deniers un tiers, ci................	22.	4.	$5\frac{1}{3}$	666.	13.	4	8000.
Au Major, quinze livres, ci...	15.	$\prime\prime$	$\prime\prime$	450.	$\prime\prime$	$\prime\prime$	5400.
A chaque Chef de Bataillon, onze livres deux fous deux deniers deux tiers, ci....................	11.	2.	$2\frac{2}{3}$	333.	6.	8	4000.
A chaque Aide-major, avec Commiffion de Capitaine, huit livres un fou huit deniers, ci..........	8.	1.	8	242.	10.	$\prime\prime$	2910.
A chaque Aide-major, fans Commiffion de Capitaine, cinq livres un fou huit deniers, ci..........	5.	1.	8	152.	10.	$\prime\prime$	1830.
A chaque Sous-aide-major, quatre livres, ci....................	4.	$\prime\prime$	$\prime\prime$	120.	$\prime\prime$	$\prime\prime$	1440.
A l'Officier chargé du détail, en fupplément d'appointemens, une livre treize fous quatre deniers, ci..	1.	13.	4	50.	$\prime\prime$	$\prime\prime$	600.
A chaque Porte-drapeau, trois livres dix fous, ci............	3.	10.	$\prime\prime$	105.	$\prime\prime$	$\prime\prime$	1260
Au Tambour-major, une livre, ci......................	1.	$\prime\prime$	$\prime\prime$	30.	$\prime\prime$	$\prime\prime$	360.
COMPAGNIE DE GRENADIERS.							
Au Capitaine, dix livres, ci....	10.	$\prime\prime$	$\prime\prime$	300.	$\prime\prime$	$\prime\prime$	3600.
Au Lieutenant, quatre livres huit fous dix deniers deux tiers, ci....	4.	8.	$10\frac{2}{3}$	133.	6.	8	1600.
Au Sous-lieutenant, quatre livres deux fous deux deniers deux tiers, ci...........................	4.	2.	$2\frac{2}{3}$	123.	6.	8	1480.
Au Fourrier, une livre, ci...	1.	$\prime\prime$	$\prime\prime$	30.	$\prime\prime$	$\prime\prime$	360.

	APPOINTEMENS ET SOLDE.		
	Par jour.	Par mois.	Par an.
A chaque Sergent, dix-huit fous fix deniers, ci.............	18^f 6^d	27^l 15^f ^{d}	333^l
A chaque Caporal, treize fous, ci.....................	13.	19. 10.	234.
A chaque Appointé, onze fous fix deniers, ci.............	11. 6	17. 5.	207.
A chaque Grenadier, dix fous, ci..	10.	15.	180.
Au Tambour, dix fous, ci....	10.	15.	180.

COMPAGNIE DE CHASSEURS.

	Par jour.	Par mois.	Par an.
Au Capitaine, neuf livres huit fous dix deniers deux tiers, ci.......	9. 8. 10$\frac{2}{3}$	283. 6. 8	3400.
Au Lieutenant, quatre livres trois fous quatre deniers, ci.........	4. 3. 4	125.	1500.
Au Sous-lieutenant, trois livres feize fous huit deniers, ci......	3. 16. 8	115.	1380.
Au Fourrier, dix-neuf fous fix deniers, ci..................	19. 6	29. 5.	351.
A chaque Sergent, dix-huit fous, ci.....................	18.	27.	324.
A chaque Caporal, douze fous fix deniers, ci..............	12. 6	18. 15.	225.
A chaque Appointé, onze fous, ci.....................	11.	16. 10.	198.
A chaque Chaffeur, neuf fous fix deniers, ci..............	9. 6	14. 5.	171.
Au Tambour, neuf fous fix deniers, ci..................	9. 6	14. 5.	171.

COMPAGNIE DE FUSILIERS.

	Par jour.	Par mois.	Par an.
Au Capitaine, huit livres un fou huit deniers, ci..............	8. 1. 8	242. 10.	2910.
Au Lieutenant, trois livres feize fous huit deniers, ci..........	3. 16. 8	115.	1380.

15

	APPOINTEMENS ET SOLDE.					
	Par jour.			Par mois.		Par an.
Au Sous-lieutenant, trois livres treize fous quatre deniers, ci....	3ˡ	13ˢ	4ᵈ	110ˡ ⱴˢ ⱴ		1320ˡ
Au Fourrier, dix-huit fous fix deniers, ci................	ⱴ	18.	6	27. 15. ⱴ		333.
A chaque Sergent, dix-fept fous, ci........................	ⱴ	17.	ⱴ	25. 10. ⱴ		306.
A chaque Caporal, onze fous fix deniers, ci..................	ⱴ	11.	6	17. 5. ⱴ		207.
A chaque Appointé, dix fous, ci.	ⱴ	10.	ⱴ	15. ⱴ ⱴ		180.
A chaque Fufilier, huit fous fix deniers, ci................	ⱴ	8.	6	12. 15. ⱴ		153.
A chaque Tambour, huit fous fix deniers, ci................	ⱴ	8.	6	12. 15. ⱴ		153.

30.

LES Officiers, tant de l'État-major que des Compagnies, jouiront de leurs appointemens en entier, à la feule déduction des quatre deniers pour livre attribués aux Invalides de la Marine. Les Capitaines fupporteront en outre la retenue des quatre deniers pour livre fur la folde des bas Officiers & Soldats de leur Compagnie.

31.

VEUT & entend Sa Majefté, que fur la folde réglée à chaque Fourrier, Sergent, Caporal, Appointé, Grenadier, Chaffeur, Fufilier & Tambour, il en foit affecté feize deniers par jour par chaque Fourrier & Sergent; & huit deniers par chaque Caporal, Appointé, Grenadier, Chaffeur, Fufilier & Tambour, pour s'entretenir de linge & de chauffure.

Le décompte de la retenue pour linge & chauffure,

fera fait tout les quatre mois, afin que chacun puiſſe connoître ſa ſituation; & pour cet effet, le Chef de chaque chambrée ſera tenu d'y afficher le décompte de chacun.

Après ce décompte fait, on conſervera à la Maſſe de l'entretien de linge & chauſſure, la ſomme de quinze livres pour chaque homme, laquelle formera le premier article de recette du décompte, & le ſurplus lui ſera payé ſur le champ : Leſdites quinze livres ſeront conſervées à la caiſſe, & ne ſeront données à chacun d'eux, ſauf le cas d'un beſoin imprévu, que lorſqu'après avoir obtenu leur Congé abſolu, ils quitteront le Régiment.

32.

Entretien des Compagnies, menues réparations, Maſſe de ſix livres par homme à ce attribués.

A l'égard des réparations journalières de l'habillement, équipement, armement deſdits Régimens, Sa Majeſté fera fournir, ſur le pied du complet, une Maſſe de ſix livres pour chaque homme, par an, en tout temps, laquelle ſera remiſe, tous les mois, à la caiſſe de chaque Régiment, avec la ſolde, pour être employée auxdites réparations; & ſera tenu le Major d'en rendre compte, ainſi qu'il ſera ci-après ordonné.

33.

Haute-paye à chaque Tambour

L'INTENTION de Sa Majeſté eſt que ſur cette Maſſe de ſix livres, il ſoit donné à chaque Tambour une haute-paye de deux ſous par jour, au moyen de laquelle les Tambours ſeront tenus d'entretenir leur caiſſe de peaux & de cordages, & de ſe fournir de baguettes : Veut au ſurplus Sa Majeſté, qu'il ſoit prélevé ſur cette petite Maſſe, vingt livres par mois par Bataillon, pour tenir lieu de frais de regiſtres, d'imprimés, de papier, d'encre, de cire d'Eſpagne, & autres menus frais que la régie doit occaſionner.

34.

LES appointemens & la folde des Régimens, feront pris fur les fonds à ce deftinés, ainfi que toute la dépenfe relative à la levée & au remplacement des hommes.

35.

LES revues & montres feront faites tous les mois, par un Commiffaire de la Marine, ou autre principal Officier d'adminiftration, dans la forme prefcrite par les Ordonnances pour les Troupes de Sa Majefté.

36.

LES appointemens des Officiers, & la folde des Soldats, feront payés tous les mois, au Major, d'après la revue du Commiffaire, ainfi que le montant de la maffe des menues réparations de l'habillement, équipement & armement, dont le Major donnera fon reçu provifionnel; il donnera, à la fin de chaque année, une quittance du tout, & cette quittance fera feule affujettie au contrôle.

37.

LE Major de chaque Régiment, rendra tous les ans, en préfence du Colonel, du Lieutenant-colonel, des Chefs de Bataillon qui fe trouveront au Régiment, devant le Commandant général & l'Intendant de la Colonie, ou ceux qui les repréfenteront, un compte général des fommes qu'il aura reçues, & des dépenfes qui auront été faites pour le Régiment; & ledit compte fera clos & arrêté par eux à la fin de chaque année.

Il fera fait trois expéditions dudit compte, & de l'arrêté qui fera mis au bas, dont une fera remife au Major pour fa décharge, la feconde au contrôle de la Marine, & la troisième sera envoyée au Secrétaire d'État ayant le département de la Marine & des Colonies.

38.

Moyen de parvenir à la nouvelle composition.

Revue d'inspection & de subsistance.

POUR parvenir à la nouvelle composition prescrite par la présente Ordonnance, les Commandans généraux, chargés de son exécution, feront mettre chacun des Régimens sous les armes, feront une revue exacte desdits Régimens, par laquelle ils constateront le nombre d'Officiers & Soldats dont lesdits Régimens seront composés : Le Commissaire de la Marine fera aussi la sienne, pour servir au payement desdits Régimens, jusques & compris le jour de leur nouvelle composition exclusivement. Les Commandans généraux entreront, lors de leurs revues, dans le détail le plus exact des dettes desdits Régimens, pour y pourvoir ainsi qu'il appartiendra : Ils feront dresser un contrôle de tous les Officiers, contenant leurs noms, surnoms, les dates & lieux de leur naissance ; le détail exact de leurs services, l'époque de leurs différens grades, leurs blessures ; enfin, tous les détails qui pourront faire connoître leurs services, leurs mœurs & leurs talens.

39.

Formation des contrôles des compagnies.

CES opérations faites, les Commandans généraux feront dresser les contrôles par Compagnies, des hommes qui les composeront, contenant leurs nom, surnom & signalement, le lieu & la date de leur naissance, leur grade, l'époque de leur engagement & celle de leur arrivée dans la Colonie ; & ils adresseront du tout, des doubles au Secrétaire d'État ayant le département de la Marine.

40.

Formation du second bataillon

LE Régiment de la Guadeloupe, n'ayant sur pied qu'un Bataillon, quoiqu'il ait été créé sur le pied de deux

19

Bataillons, Sa Majesté veut que le second Bataillon soit incessamment formé suivant les dispositions de la présente Ordonnance ; à l'effet de quoi Sa Majesté fera passer à la Guadeloupe les Officiers nécessaires pour la composition des deux Bataillons de ce Régiment, & en même temps le nombre suffisant de Recrues pour les compléter.

41.

LES Quartiers-maîtres qui se trouvent dans chaque Régiment, ne devant point faire partie de la nouvelle composition ; l'intention du Roi est que ceux qui ont obtenu des Lettres de service de Lieutenant, soient remplacés dans ce grade, & que les autres le soient dans le grade de Sous-lieutenant.

42.

L'UNIFORME desdits Régimens sera composé ;

D'un habit de drap léger, petit lodève bleu, doublé de toile lessivée au quart blanc ; le parement en botte, garni en dessous de quatre petits boutons ; de six gros boutons sur le devant, dont un en haut, deux au milieu & trois au bas de la taille, de trois à chaque poche qui sera coupée en travers, & d'un autre sur chaque côté, avec un petit à l'épaulette qui sera de laine couleur du parement.

Veste de coutil bis-blanc, doublée de toile blanche au quart lessivée, sans poches ni pattes marquées, garnie de dix boutons sur le devant & d'un à chaque manche.

Culotte de coutil bis-blanc, avec caleçon de toile séparé.

Bouton de métal massif, blanc, à queue, timbré d'une ancre.

Chapeau bordé de blanc.

A l'égard des paremens & collets, ils seront distingués ainsi qu'il suit ;

S A V O I R:

Régiment du Cap, *Paremens & collet de drap vert de Saxe.*

Régiment du Port-au-Prince, *paremens & collet de drap rouge.*

Régiment de la Martinique, *paremens & collet de drap ventre-de-biche.*

Régiment de la Guadeloupe, *paremens & collet de drap cramoisi.*

Les distinctions réglées pour les Fourriers & Sergens, feront en galon d'argent large de douze lignes, ainsi qu'il est observé dans les autres corps de l'Infanterie.

Les distinctions pour les Caporaux & les Appointés, feront en galon de fil blanc, large de dix lignes, dans la forme & la position qui font réglées pour l'Infanterie.

Les Grenadiers auront pour distinction deux épaulettes en laine, de la couleur de leurs paremens.

Les Chasseurs auront pour distinction deux épaulettes en laine blanche.

43.

Uniforme des Officiers.

LES justaucorps, vestes & culottes uniformes des Officiers desdits Régimens, feront conformes à ceux des Soldats, tant pour la couleur que pour la coupe des poches & la position des boutons; ils ne différeront que par les qualités des draps & des toiles pour doublures, qui feront plus fines; par les paremens & collets, qui feront de foie; & par les boutons, qui feront argentés. Ils auront un chapeau bordé d'un galon uni en argent, fans plumet.

Les grades des Officiers feront distingués par des épaulettes plus ou moins riches, favoir;

Le Colonel portera une épaulette de chaque côté en argent, ornée de franges riches à nœuds de cordelière. Et s'il est Brigadier, il y fera ajouté les autres distinctions attachées à ce grade.

Le Lieutenant-colonel, une feule épaulette de même forme, à gauche.

Le Major, une épaulette de chaque côté en argent, ornée de franges feulement, fans graine d'épinards ou nœuds de cordelière.

Les Chefs de Bataillon, une épaulette en argent, avec une frange fimple en or.

Le Capitaine & l'Aide-major qui aura la commiffion de Capitaine, une épaulette en argent, ornée de franges feulement, comme celles du Major.

Le Lieutenant ne pourra porter l'épaulette pleine en argent; elle fera lofangée de carreaux couleur du parement. La frange fera mêlée d'argent & de foie.

Le Sous-lieutenant portera l'épaulette à fond de foie, couleur du parement avec des carreaux d'argent.

Le porte-drapeau portera l'épaulette à fond de foie, couleur du parement liferée d'argent.

44.

L'HABILLEMENT des Tambours-major & Tambours, fera à la petite livrée du Roi.

Uniforme des Tambours.

45.

SA MAJESTÉ continuera de fe charger de la levée efdits Régimens, ainfi que de l'habillement, équipement & armement, & des recrues dont ils auront befoin.

Le Roi fe charge de l'habillement, armement & des recrues.

46.

LES Officiers qui feront nommés à des emplois dans efdits Régimens, recevront au moment de leur embarquement, une avance de deux mois fur leurs appointemens. Et à l'égard des bas Officiers & Soldats, la fubfiftance

Avance à l'embarquement.

devant leur être fournie à bord des vaisseaux ; ils ne jouiront, pendant la traversée, que de la demi-solde dont il leur sera payé une avance de deux mois, & le décompte du surplus leur sera fait à leur arrivée dans la Colonie.

47.

Subsistance des Officiers, bas Officiers & Soldats à la mer.

SA MAJESTÉ pourvoira, sans retenue d'appointemens ni de solde, à la subsistance des Officiers, bas Officiers & Soldats pendant la traversée.

48.

Défense aux Officiers de donner aucun congé absolu.

AU moyen de ce que Sa Majesté se charge de pourvoir à la dépense de la levée des hommes & des frais de recrues, Elle défend, sous quelque prétexte que ce soit, aux Officiers, de donner aucun Congé absolu, excepté dans le seul cas d'infirmité & d'incapacité de service bien constatées.

49.

Liberté d'engager des Nègres ou Mulâtres pour Tambours.

CHAQUE Régiment pourra engager pour Tambour des Nègres ou Mulâtres libres, qui recevront la même solde & la même ration réglées par la présente Ordonnance pour les Tambours.

50.

Ration des bas Officiers, Soldats & Tambours.

LA ration pour les bas Officiers, Soldats & Tambours sera composée de vingt onces de farine, ou de vingt-quatre onces de pain frais, & de huit onces de bœuf frais ou salé.

51.

Retenue faite aux bas Officiers

IL sera retenu tous les mois, à chaque bas Officier, Soldat ou Tambour, trois sous huit deniers pour chaque

tion qui lui aura été fournie; & dans le cas où on man-
queroit dans la Colonie, des comestibles indiqués ci-dessus,
y sera suppléé par les denrées du pays, qui seront payées
r le pied réglé par les Commandans généraux & Intendans,
par ceux qui les représenteront.

& Soldats
pour la ration.

§2.

SA MAJESTÉ défend expressément aux Colonels &
x Officiers des Régimens, de laisser travailler aucuns
ldats hors de leur Garnison, sous quelque prétexte que
soit; ils ne doivent être employés qu'aux travaux du
oi, pour lesquels ils seront payés suivant le prix fixé par
Commandant général & par l'Ingénieur.

Défense
de laisser
travailler les
Soldats hors
de la Garnison.

Tout Soldat qui aura la permission de travailler de son
étier dans le lieu de la Garnison, sera tenu de coucher
x Casernes.

§3.

SA MAJESTÉ ordonne qu'aux Isles du Vent & sous le
ent, le service se fasse, grade égal, par ancienneté de
ommissions, Lettres ou Brevets, afin d'éviter les diffi-
ltés qui pourroient survenir entre les Officiers de différens
orps ou Régimens qui se trouveroient dans lesdites Isles.

L'ancienneté
de commission,
à grade égal,
aura le
commandement.

MANDANT Sa Majesté à Mons. le Duc de Penthièvre,
miral de France, de tenir la main à l'exécution de la
résente Ordonnance, en ce qui concerne les droits de sa
harge.

MANDE & ordonne Sa Majesté aux Commandans
énéraux, & aux Intendans des Isles du Vent & sous le
ent de l'Amérique, ou à ceux qui les représenteront,
e tenir la main à l'exécution de la présente Ordonnance.

. FAIT à Versailles le premier mai mil sept cent soixan
quinze. *Signé* LOUIS. *Et plus bas*, DE SARTINE.

LE DUC DE PENTHIÈVR
Amiral de France.

VU l'Ordonnance du Roi ci-dessus & des autres par
à nous adressée: MANDONS à tous ceux sur
notre pouvoir s'étend, de l'exécuter & faire exécu
suivant sa forme & teneur. FAIT à Paris le onze
mil sept cent soixante - quinze. *Signé* L. J. M. I
BOURBON. *Et plus bas*, Par son Altesse Sérénissi
Signé DE GRANDBOURG.

POUR LE ROI. { *Collationné aux originaux par nous Écuyer, Cons
Secrétaire du Roi, Maison, Couronne de Fr
& de ses finances.*
